JN438284

諷詩調詩集 · 44

풍諷계戒집集 · 11

박진환 제62시집

지성 · 감성의 메타언어
조선문학시인선 · 380

諷詩調詩集 · 44

풍諷계戒집集 · 11

조선문학사

■ 책머리에

풍시조(諷詩調)는 악을 징벌·엄벌하는 통징의 미학이다.

2014년 初夏

박 진 환

박진환 제62시집 / 諷詩調詩集 · 44

풍諷계戒집集 · 11

차례

차지였거든

안철수 신당에 새 인물 없다고 평했던데
어디엔 새 인물 있던가? 없긴 매한가지
정치란 게 어느 시대고 헌 인물들 차지였거든

없거든

2월 국회 달랑 법안 2건 처리하고 끝나

탓하지마, 3월에는 3건, 10월엔 10건, 12월엔 12건 처리하면 돼

헌데 국회엔 그런 계산법이 없거든

귀동냥 할 수 있을까

세상은 온통 말·말·말로 소음차원을 넘어 굉음차원
그 많은 말 중에 말씀다운 말씀 있어 그 중 높은 곳에서
그 중 낮게 들으시는 하느님의 귀 빌면 귀동냥 할 수 있을까

텃세라 했데

올림픽을 힘과 기예의 자랑이 아닌 인간정신의 자랑이라 했던가
헌데 힘도 기예도 정신도 아닌 검은 힘자랑 소치올림픽
세계언론들 김연아 은메달 두고 검은 그 힘을 텃세라 했데

왕금메달이지

소치올림픽에서 거둘 성과 10위권 미리 점치더니만
말이 씨 된다고 그랬으면 좋았을 걸 씨가 없는 허언이었던가 봐
해도 금메달 땄으니 목메달도 못한 정치허언에 비하면 왕금메달이지

금메달 아닐까

소치올림픽 통해 힘 · 기예 · 정신은 물론 배워야할게 더 많을 듯

평창올림픽 앞두고 배워서는 안 될 텃세같은 건 버릴 줄 알아야

배워 얻는 것보다 배워선 안될것 배우는 정신, 그게 금메달 아닐까

매한가지거든

오륜경기 중 육상 · 빙상 · 마라톤 경기 등등 별별 겨루기가 다 많지만
하나 추가해야 할 것이 있을 것 같던데 텃세
텃세도 싸움으로 보건 경기로 보건 겨루기는 매한가지거든

적었을 터

김연아 프리스케이팅 보려고 잠 설친 이들 많았을 터
잠과 함께 분통에 실망 터뜨리는 이가 더 많았을 터, 헌데 역사란
다수 아닌 소수의 힘에 의해 기록된다는 사실을 아는 이는 적었을 터

무지계

초현상계란 현상을 넘어선, 그래서 知界가 아닌 무의 세계와 같다
체험으로 재생되는 상상의 세계와도 다른 상상 저쪽의 세계인
무지개이면서 빛깔도 형상도 없는 無知界다

정작 도둑맞은 쪽은

김연아 올림픽 금 도둑맞았다고 언론들 대서특필
금보고 욕심내 훔쳤다면 도둑은 도둑인데, 정작
도둑맞은 쪽은 연아가 아닌 도둑맞은 심판 당사자들 양심

그게 더 문제지

판문점 남북 차관급 접촉 때 언론봉쇄 두고
북과 소통하다 국민과 불통돼 되불통이라고
되불통이면 좋게, 대불통이면 그게 더 문제지

소 소 소

김연아, 금 도둑맞았다고? 아니지 도둑질 당한거지
정작 도둑맞은 건 연아김이 아닌 심판관들의 양심이거든
세상이 온통 도둑놈 소굴인데 소자 들어간 소치인들 온전하겠는가

도둑의 도

대도의 도를 聖·勇·義·知·仁 오도라 하던데
스스로에게 물어보라 그 중 어느 도를 지녔는지
도둑놈 주제에 그 중 하나를 지녔다면 도둑놈다운 도둑놈이다

※ 도둑의 도(道) : 방안에 소장된 물건을 불의로 넘겨다보지 않는 것을 성(聖), 훔치기 위해 먼저 앞장서 들어가면 용(勇), 들어갔다 맨 늦게 나오면 의(義), 값짐의 진가를 판단하면 지(知), 훔친 것을 고루 나누어 가지면 인(仁)이라고 한 장자의 말이다.

도둑놈들인 걸

홈치고 싶어 탐했으나 홈치지 않았으면 법으론 도둑이 아니다
홈치지 않았으나 마음으로 탐했으면 양심의 도둑이다
허긴 법·양심 따질게 뭐냐? 너도 나도 도둑놈들인 걸

명답이네

물어보게나 스스로에게, 도둑질당하고 사는가? 도둑질하고 사는가?

물음 둘에 답은 하나; 당하기도 하고 하기도 하고, '당자 하나 빼는것

명답이네

인(仁)이 아니겠나

대도는 못돼도 대도의 도 중 仁 앞세워 도둑질하며 살았더니
어진 도둑이라고? 천만에, 옛분들 말씀 훔치되 독식하지 않고
고루 나누어 맛보게 했으니 어찌 仁이 아니겠나

도둑떼 천지여서

도둑질하고 부끄러운 줄 안다면 대도의 어느 것에 해당할까?
5도에는 없으니 부끄러운 짓 안하면 될 일
헌데 어쩐다, 부끄럼마저 모르는 도둑떼 천지여서

까막눈이니

못 면하고 사는 허명의 시장기는 기실 허천기다
채워도 채워도 포만을 모르는 욕망의 공복
사서삼경이라도 읽으면 처방전 있으련만 그 또한 까막눈이니

있으나마나거든

총리나 장관 청문회에선 논문 표절이면 결격 물러나던데
새누리당에선 표절로 물러났던 사람도 다시 영입, 복당
이리 잣대가 달라서야; 허긴 정치 잣대엔 눈금 있으나마나거든

이름값이어서

소치 이름값 했데, 심판 점수 짜기가 소금 같았거든
김연아 금도 소금으로 변색시켜 은으로 둔갑시켰거든
이름값 했으니 다행이네만, 안함만도 못한 낯 뜨거운 이름값이어서

길몽이지

간밤 꿈에 신발을 잃어버렸다, 그것도 명장이 만든 수제화였다
신발이 없으니 오도 가도 못하는 딱한 신세, 흉몽이다
흉몽이면 대수냐, 도둑놈들 세상에 양심 안 잃었으면 길몽이지

웃음이 없다

여・야 실력자 둘이 어린이들 배경삼아 웃고 찍는 사진 한 장
얼마나 표정관리를 잘했으면 저리 스마일일까마는 함께 찍은
배경의 표정없는 어린이들 얼굴엔 짜가란걸 안다는듯 웃음이 없다

골로 가거든

인사실패작 윤진숙·윤창중 충격에도 소신인사인지 밀실인사인지
각 기관장들 인사 두고 낙하산 인사라고 해쌋데들
해서 말인데 착지 잘하면 살아남고 잘못 착지하면 골로 가거든

어떨지

소치올림칙 결과 코리아 세계 13위, 서구식으론 흉수 13
덧셈으로도 1+3=4, 한국식으로 죽을 4 흉수, 헌데
흉수완 달리 가슴에 새겨 분발 명심하라는 胸數로 보면 어떨지

그렇게 씌어 있던데

세계적 선수는 외국행 못막고, 메달감 못되는 선수는 넘쳐나고
체육정책 새판 짜란 경고인데 못 읽어봤나?
안현수가 휩쓴 금메달에 그렇게 씌어 있던데

되먼지

미세먼지 또 평소의 4배, 비염 못 면한 내겐 숨통 죄는 웬수
웬수는 미워하면 속이라도 풀리지만 미워할수록 숨 막히는 웬수
숨 쉬고 살고 싶다, 이놈의 웬수 되먼지야

될 밖에

탈북자들 말솜씨 청산유수, 왜 그리 말들을 잘할까?
몰라서 묻나, 북녘에선 입 다물고 살아야 했거든
헌데 남녘에서 굳은 혀 해방되니 혀 풀려 청산유수 될 밖에

이러하다

꿈 버리고 산지 이미 오래인데 꾸는 꿈마다 불길한 흉몽이다
흉몽이건 악몽이건 꿈은 현실과 반대라 하지 않던가
흉몽 · 악몽의 반대면 길몽, 꿈보다 해몽이 좋은 소의가 이러하다

하지만

눈 떴다하면 헐뜯고 깎아내리고 조소하고 비아냥하는 시를 쓴다
쓴 시마다 칼날이 되고 창끝이 되어 복수의 살의가 되니
어찌 감동을 줄 수 있겠는가, 감동은커녕 풍시조니 풍기일지

선과 악이구나

죽일수록 선이 되는 악

악일수록 죽여야 하는 선

그렇구나, 죽이고 죽는 것이 선과 악이구나

낙하산이거든

왕자무친이란 옛분들 말씀, 치도의 덕목이었지
치도도 덕목도 바뀐 요즘 세상에선 구식된지 오래
신식치도 덕목 1호는 낙하산이거든

※ 왕자무친(王者無親) : 임금이라도 국법 앞에서는 사사로운 정으로 일을 처리하지 못함.

나팔소리

한쪽에선 남북 화해의 장 열어 이산가족 상봉
다른 한쪽에서 군사훈련 키리졸브
명분 따로, 실리 따로, 따로 따로 따따로 요란한 나팔소리

될 수도

소치에서 배워올 건 기량 아닌 운영의 묘
묘라는 게 잘못 쓰면 무덤일 수도 있지만
잘만 쓰면 평창, 세계 명당 될 수도

아닐지?

미국에서 열린 한국문화 축제에 관심 최고는 한식
금강산도 식후 구경, 미국사람도 배불러야 문화도 보여
배고프면 문화도 빵으로 보이거든

차지하고 있어서

남북 이산가족 상봉으로 해빙 맞을지 실현 반 의문 반
반이면 어디야, 온이 되기 위해선 반이 필수인 걸
헌데 어쩐다, 금강산관광과 핵이 반을 가로막고 있어서

그림의 떡이지

한국 교육정책은 평준화인데 실제는 천지차이
저소득층에 비해 고소득층 교육투자는 7배가 넘어
평준화가 이 모양이면 평등은 그림의 떡이지

관망 · 유보

서울 · 수도권 APT 값 지속 상승세

오르면 뭘하나, 돈 없으면 그림의 떡 눈요기밖에 못 되는 걸

부동산업계 진단도 길조인지 흉조인지 처방전 못내놓고 관망 · 유보

허사

아무것도 필요 없어, 인생 뭐있어, 어느 유행가 한 소절이다
부정과 허무 높낮이로 토해내는 메아리로 감기는 가락
아무것도 필요 없어, 시 뭐있어, 메아리도 없이 풀리는 허사

못 면할 텐데

친박 · 비박, 신친박 · 구친박에 주류다 비주류다
친김 · 친문 · 친정 · 친박 · 친손이다, 얽히고설킨 갈래갈래
이러다 갈래갈래 찢어지면 결레신세 못 면할 텐데

신이거든

일 아베, 도쓰게끼, 간바레만 배웠는지 정치도 군사도 호전적
군국주의 전범 망령 찾는 신사참배도 그래서 아닌지
물어볼 것도 없어, 전범들이 우상 아닌 신이거든

읽어보나마나거든

지하철 유리창을 도배한 이름도 모른 시인들의 시
모르는 이름과는 달리 시는 읽어보지 않고도 한눈에 알아
읽어볼 필요가 없으니 읽어보나마나거든

헛발질 될 수도

박근혜 정부 1년 원칙·신뢰 무너지고 핵심공약 후퇴에 폐기까지
그것만이면 좋게, 여론관 동떨어진 나만의 원칙 고수에 불통까지
마이웨이도 좋지만 좇는 이 없는 단독행보 자칫 헛발질 될 수도

노 아닌 예스

공공기관장 4명중 3명이 낙하산 인사

선거에 승리한 편이 전리품으로 관직 챙기는 관행 미국은 노

미국의 정치 표본으로 삼는 코리아는 노 아닌 예스

제대로 제시했지

여 · 야 대선공약 지방의원 공천제 폐지 술책으로 드러나
유리하면 써먹고, 불리하면 폐기하는 정치술수
정치가 속임수란 정답 제대로 제시했네

있긴 하지만

중, 하늘도 시야도 시커멓게 가린 스모그를 병법운용 운운
스모그 방패삼아 승전하면 뭘하나, 전쟁 전에 병들어 죽을 판에
허긴, 삼국지에 바람 덕본 제갈량 전법 있긴 하지만

아닌 것 같아서

일 언론, 박대통령 1년 통치를 두고 제왕정치라 비판
사돈네 남 말 허시네, 아베는 군국주의 부활 망령정치거든
그렇긴 해도 틀리는 말은 아닌 것 같아서

여전해서

박대통령 지지도 50%대에서 60%대로 상승
외교·안보가 딴 점수라니 이제 내치만 잘하면 100%감
헌데 어쩐다, 불신에 불통에 불만까지 여전해서

그게 궁금해서

박근혜대통령 지지율 상승 60%대 야당 덕일 수도 있다는 신문평

바꿔보면 잘한 것 없지만 야당이 너무 못했기 때문이란 뜻

문제는 입은 덕 불통으로 갚을지 소통으로 갚을지 그게 궁금해서

투표지 돌멩이 돼

언론, 새누리당 정치 두고 정치 기억상실증에 걸렸다던데
그럴 만도 하지, 기억하고 있는 것보다 잃어버린 게 더 많으니
잃어버려도 좋은데, 국민과의 약속 잃어버렸다간 투표지 돌멩이 돼

한낮 아닌 한낱 꿈인 것을

희망은 깨보면 꿈, 해서 희망을 눈 뜨고 있는 꿈이라 했던가, 허면
깨지 않고 눈 감으면 뭐가 될까? 뭐가 되긴, 눈 뜨건, 감건
속임수에 속고 사는 한낮 아닌 한낱 꿈인 것을

청사진이 안 보여서

경제 3개년 계획 목표 성장률 4%대로 끌어올리기
목표는 좋은데 문제는 실현 방법
창조경제만으론 어려울 듯 싶은데 청사진이 안 보여서

노예가 아니던가

요즘 신안 염전을 비롯해 예술작품에서도 노예가 화두던데
노동의 노예, 황금의 노예, 정치 · 경제 · 지식의 노예
삶 자체가 삶에 묶인 노예가 아니던가

동행이 필요해서

박대통령 통일비전으로 통일준비위원회 운영할 모양이던데
문제는 위원회가 아닌 위원회의 지혜 결집
통일은 정치하듯 마이웨이식 獨步가 아닌 동행이 필요해서

강도와 동거하는 걸

미세먼지 예방 위해 마스크에 눌러쓴 모자에 손엔 핸드폰
보기에 따라선 영락없는 복면에 권총강도
허긴 복면에 권총 안들어도 제마다 마음속에 강도와 동거하는 걸

어쩐다

경제 3개년 계획 목표 4%로 끌어올리려면 성장률이 지름길
헌데 OECD국 중 야간 근무시간 최고인 코리아
성장률은 최하위이니, 자장보적월격 되면 어쩐다

※ 자장보적월(資章甫適越) : 관을 쓰지 않는 월나라로 관을 팔러 간다는 뜻이니 목표와 정반대 되는 일을 두고 한 장자의 말.

삐걱 안 할지

박대통령 통일준비위 놓고 옥상옥이라 평했던데, 정작 주무부서
통일부는 수간모옥 못 면하고 준비위는 오간팔작 안될지
집은 나의 성이라던데 집 위에 성 올려 옥상옥 되면 삐걱 안 할지

※ 오간팔작(五間八作) : 넓고 훌륭한 집.

아배거든

일 산케이신문 여론조사 결과 한·중 불신 각각 56%에 81%
오직 믿는 구석 미국뿐이란 뜻인데 정작 미는 문제아 취급
문제아란 게 우리식 풀이론 兒輩거든

※ 아배(兒輩) : 남을 유치하게 취급할 때 쓰는 말.

선은 아니어서

일, 우경화 광풍시대 뿌리는 간바레, 도쓰게끼 등 군국주의 정신
우리도 흡사한 한번 물면 놓아주지 않는 진돗개정신 있지
정신일도하사불성이긴 해도 공격성이란 게 선은 아니어서

※ 정신일도하사불성(精神一到何事不成) : 정신을 가다듬어 힘쓰면 무슨 일인들 이루지 못할게 있겠느냐는 주희(朱熹)의 말.

똥만 보여서

일 · 한도 일 · 중도 각각 적대시, 적대시란 적과 같다는 뜻
피학의 한 · 중이 일 적대시 한다면 몰라도 가학의 일이 적대시한다?
이만융적이라더니, 개 눈엔 똥만 보여서

※ 이만융적(夷蠻戎狄) : 사방의 오랑캐란 뜻이니 주변을 적대시 한다는 뜻.

시대적 조류가 그렇단 뜻인가

한·일, 일·중, 남북, 여·야가 예외 없이 적대시
그뿐이면 좋게, 너와 내가, 나와 내가 또한 적대시
적대시란게 거꾸로 풀면 시대적이니 시대적 조류가 그렇단 뜻인가

못 넘어서

통일 공론화 유도, 대통령이 직접 챙긴다던데
그래서 통일부보다 상위개념, 혹은 초개념의 대박
헌데 상위 · 총동원해도 현실은 3 · 8 철책 못 넘어서

같고도 달라서

한국엔 창조경제란 근혜노믹스, 일엔 극우 아베노믹스
둘 다 믹스는 믹스인데 다른 것도 있나봐, 하나는 경제강국
다른 하나는 군사강국, 둘 다 강국 믹스지만 같고도 달라서

않을 터이니

일 국민 51%가 한·일 정상회담 서두를 필요 없다는 반응
그 바탕에 한국불신 56%란 반한 감정 깔려 있어
좋아, 반일 감정은 더하면 더했지 덜하지 않을 터이니

강을 끼고 있어서

한·일은 건너서는 안 될 루비콘강 건너고
남·북은 건너야할 임진강 못 건너고
두 겹 강에 갇힌 한반도, 본시 반도란 게 강을 끼고 있어서

두 정상

한·일 서로 다른 동영상 띄워 정부 대 정부 대립 고조

국민은 국민끼리 반한·반일로 대립 고조

대립관 달리 어깨 나란히 하고 즐기는 마이웨이 두 정상

콜록콜록

OECD국 중 결핵환자 코리아가 최고
결핵은 후진국형 병이라던데, 허면 코리아가
OECD국 중 최하위 후진국이란 뜻 아닌가, 아이고메 콜록콜록

불행이지

뭘 그리 잘못보고, 보아서는 안 될 걸 봤다고 부정난시
넘보고, 째려보고, 깔보고, 치켜 떠본 적 없었거늘
허긴, 차라리 봄이 안 봄만 못한 세상, 두 눈 성한 게 불행이지

별난 나라 코리아

가계빚 가구당 5천 8백만 원이면 빚쟁이도 상빚쟁이
영국사람들 즐겨하는 말, 빚진 사람은 동시에 노예다
가구마다 노예만 있고 주인이 없는 별난 나라 코리아

최고까지

케리 미 국방, 북한은 세계 최고의 악이라고 하던데
북녘만 최고냐, 남녘도 최고 한두 가지가 아니거든
OECD국가 중 폐병환자, 교통사고, 출판율에 독서부다 최고까지

저체온증이거든

붐과 봄은 형제뻘 같기도 하고, 이웃 같기도 하지만 정반대
우수 지나자 완연한 봄기운 따스한 체온인데
썰렁한 소비붐은 한속기 못 면한 채 저체온증이거든

책보다 더 많이 사서 읽데

여는 출판기념회 봄으로 제철맞이 봄인데
야는 출판기념회 철회로 찾아온 붐도 봄도 고사
지켜보는 사람들 고사의 미덕을 책보다 더 많이 사서 읽데

뻔할 뻔자거든

정부 세정묘수 월세에 세금부과로 국고 챙기기
세수는 늘겠지만 결과는 서민 혈세만 증가
건물주들 부과된 세금만큼 세 올려 충당할 건 뻔할 뻔자거든

개각도 매한가지

솔솔 부는 봄바람에 개각설도 솔솔솔
봄 되면 얼음장 녹아 깨지듯 굳은 신뢰 물러지면 금가기 마련
금가면 땜질 해야지, 개각도 매한가지

선과 악

미국이 악이라 하면 악, 선이라 하면 선
중국이 선이라 하면 선, 악이라 하면 악
G2의 잣대에 따라 악도 되고 선도 되는 선악

실험확인서거든

짐승도 스트레스 받으면 화로 풀데
인간이라고 다르랴, 스트레스 해소 위해 화도 짜증도 불사거든
스트레스란 게 사람도 짐승과 똑같다는 실험확인서거든

개혁 아닌 개악

빚더미 공기업 자체 개혁하라 했더니, 고작 생각해낸 것이
전기·철도·수도 등 공공요금 올려 제돈 아닌 남의 돈
그것도 국민혈세로 개혁하고자 하다니 개혁 아닌 역발상 개악

무엇을 말하고 싶었던 걸까?

집세나 공과금 70만원이 든 봉투 남겨놓고
두 딸과 함께 세상을 하직한 어느 어머니의 사연
자살은 고백이라던데 삶·가난·고통 중 무엇을 말하고 싶었던 걸까?

꼼수나 아닐지

기초연금 TV토론 야 제의에 복지부 묵묵부답
떳떳이 나서지 못하는 걸까? 나설 수 없어설까?
백년대계란 연금 두 의문부 사이에 숨어있는 꼼수나 아닐지

더 안나을까

오바마 대북정책을 도는 도, 모는 모로 윷놀이로 풀던데
해서 그런가 엎어졌다, 뒤집어졌다 던질 때마다 다르니
바둑만은 못해도 장군멍군 외통수 있는 장기판 놀이가 더 안나을까

아직 없었으니

박대통령 경제민주화 종료선언과는 달리
정책판단 착오니, 껍데기 법이니, 전문가들 평가는 엇갈려
허긴 1년에 종료될 만큼의 명법은 역사상 아직 없었으니

출산

OECD 34개국 중 출산율 코리아가 최하위
불명예 최고만 보다 최하위 보니 반갑긴 허네만
길존지 흉존지 낳았다 하면 빚쟁이 탄생 못 면하는 출산

배가 산으로 가는 격

공기업 수도공사가 제기한 요금인상, 알고 보니 괴물 4대강 때문
투자한 9조원 연이자가 4천억이라니 국민주머니 넘볼 밖에
물먹은 4대강이 돈 먹고 싶어 하니 배가 산으로 가는 격

축지법 될지도

어느 명상가왈 잠깐의 멈춤으로 삶이 변화한다던데
기어에 물려 돌아가는 초스피드 시대에 멈춤이라니, 허긴
잠시 멈춰 멀리 내다보는 법 익히면 마음의 행보 축지법 될지도

그럴 밖에

왜 한국인들 일본놈, 중국놈, 미국놈 놈자 붙이기 좋아할까
한국인 피 속에 피학의식 걸러지지 않아서 아닐까
역사의 악순환 속에서 당하기만 하고 살았으니 그럴 밖에

고졸로 쓰기도

한국 무직자 4인중 1인은 고학력 대졸자
고급 룸펜의 실업자 천국 코리아
지옥만도 못한 천국살이 면하려 대졸자 이력서 고졸로 쓰기도

응답이어서

한국인 55%는 한·일 정상회담 필요하다 응답
일본인 51%는 정상회담 서두를 필요 없다 응답
무응답보다야 낫네마는 무응답만도 못한 응답이어서

총성 아니던가

박대통령 대선공약 "노인들께 20만원씩 드리겠다", 당선돼
"20만원씩 드리라" 했지만 돈이 없어 못줬으니 국민이 속은게 아니라
국민을 속인 것, 무성의 말이니 소리 없는 총성 아니던가

있긴 있는 걸까

박대통령 전매특허품 경제민주화는 껍데기 법이데
알맹이 없는 껍데기니 있어도 그만 없어도 그만이지만
또하나 특허품 창조경제는 속이 찼을까? 찰 속이 있긴 있는 걸까?

상판대기 코리아

아프리카 예술박물관에서 종사했던 아프리카 무용수 연주자왈
2년간 겪은 고통을 '노예노동'이라면서 "귀국하면 한국행 막겠다"니
흑인보다 더 새까맣게 먹칠한 상판대기 못 면한 코리아

방어할 밖에

사교육비 부담완화 공약으로 내걸었던 박근혜 정부
약속관 달리 줄기는커녕 되레 늘었으니 함구할밖에
사정이 이러하니 약속 한둘도 아니고 침묵에 불통으로 방어할밖에

알고 있었던 모양

남성의 거시기는 최대로 부풀어졌을 때 그중 거시기답고
여성의 머시기는 최소로 오므라졌을 때 그중 머시기답다
이 부조화의 조화가 음양의 법칙, 헌데 시의 묘미도 이러하거든

정치마약 즐기고 있으니

중국 상품무역, 미 제치고 세계 1위로 뛰어올라
이웃은 말의 해 맞아 도약·비상하는데, 어쩐다
도약·비상은커녕 뙬 말들이 죄다 정치마약만 즐기고 있으니

이타 앞세울까

민주·안철수당 힘 모아 새정치 신당 창당하기로 합의
합의는 좋네마는 얽힌 이해 극복 못하면 되레 불산 씨앗될 수도
거기다 정치사전엔 不二가 없으니 정치 成佛위해 이타 앞세울까

살 맞댔다 등 돌렸다

여보 당신, 다정한 부부간의 애정어린 호칭
살 맞대면 여보 당신도 등 맞대면 거꾸로 보여 신당
정치도 부부와 같아서 여보 당신, 보여 신당 살 맞댔다 등 돌렸다

제로인 걸

여보 보여, 응 여보 보여
거꾸로 하나 옳게 하나 여보 보여
보이면 뭘해, 金보이느냐? 安보이느냐? 정치시계 제로인 걸

자살

그제도 자살, 어제도 자살, 오늘도 자살, 내일도 자살이면
OECD국 중 자살률 최고라는 명예에 걸맞는 이름값 한 셈
민주로도 창조경제로도 못 막는 빈곤의 무덤 자살

살자란 통계는 없어서

자살 · 자살 · 자살 · 자살 · 또 자살, OECE국중 자살률 최고 이름값
살자 · 살자 · 살자 · 살자 · 살자 · 살자 · 살자 · 살자 · 또 살자
허나 OECD 조사에 살자란 통계는 없어서

헹궈야 하는 일

1주일째 목을 죄던 스모그가 걷히고 짱 하늘이 트였다
때맞춰 민주・새정치 신당 창당 소식으로 정계 스모그도 걷혔다
남은 건 파인플레이, 가슴마다에 낀 앙금 헹궈야 하는 일

그것이 문제

모든 만물이 짝짓기 없이 새 생명 태어나던가
정치도 마찬가지, 새당 창출하려면 짝짓기 할 수밖에
헌데 옥동자냐? 지진아냐? 사산아냐? 그것이 문제

못 면하고 있는데

매스컴마다 당이 어떻고, 정치가 어떻고 정치 나팔만 불데
정치에 식상한 국민들은 정치소화불량에 신물만 토해내며 시큰둥
안그래도 불통에 얹힌 가슴 답답증 울화통 못 면하고 있는데

박진환 시인은 전남 해남 출신으로 동국대 국문학과를 거쳐 중앙대 대학원을 졸업(문학박사)했다. 1960년 동아일보 신춘문예(詩)·1963년 自由文學(문학평론)으로 문단에 데뷔했고, 국제PEN한국본부 사무국장 및 이사, 한국문협 고문을 역임했다. 제9회 시문학상, 제3회 비평문학상, 펜문학상, 윤동주문학상 등을 수상했고, 한서대학교 교수 및 예술대학원장을 역임했으며 현재 월간『조선문학』발행인 겸 주간으로 있다. 중요 저서로는 시집에『귀로』,『사랑법』,『꽃시집』,『三行詩抄』Ⅰ~Ⅺ『諷詩調』,『박진환시전집』Ⅰ·Ⅱ·Ⅲ·Ⅳ·Ⅴ·Ⅵ·Ⅶ,『物神時代』Ⅰ·Ⅱ·Ⅲ·Ⅳ·Ⅴ,『동굴일지』Ⅰ·Ⅱ·Ⅲ·Ⅳ·Ⅴ,『2012년 8월』에서『2013년 7월』까지,『풍계집·1』에서『풍계집·25』까지 76권의 시집이 있고 평론집으로『한국현대시인론』,『현대시론』,『21C시학과 시법』등 다수와『한국시의 공간구조 연구』,『21C 시학』,『시창작론』,『諷詩調詩學』외 다수의 역저가 있다.

조선문학시인선 380

諷詩調詩集·44

풍諷계戒집集·11

2014년 8월 20일 인쇄
2014년 8월 30일 발행

지은이 / 박진환
발행인 / 박진환
펴낸곳 / 조선문학사
등록번호 / 1-2733
주소 / 120-853 서울 서대문구 통일로 389(홍제동)
전화 / 02-730-2255
팩스 / 02-723-9373

ISBN 978-89-98115-70-8

정가 10,000원